Kuhanje u stilu Mediterana

2023

Ukusnih i jednostavnih recepata za svakodnevni stol

Valentina Matić

Sadržaj

Paella od povrća 6

Tepsija od patlidžana i riže 8

Kuskus s mnogo povrća 10

Kushari 12

Bulgur s rajčicama i slanutkom 15

Skuša Maccheroni 17

Maccheroni sa cherry rajčicama i inćunima 19

Rižoto od limuna i škampa 21

Špageti sa školjkama 23

Grčka riblja juha 25

Venere riža sa škampima 26

Pennette s lososom i votkom 29

Plodovi mora Carbonara 31

Garganelli s pestom od tikvica i škampima 33

Rižoto od lososa 36

Tjestenina s cherry rajčicama i inćunima 38

Brokula i kobasica Orecchiette 40

Rižoto od radiča i dimljene slanine 42

Tjestenina alla Genovese 44

Tjestenina od cvjetače iz Napulja 47

Pasta e Fagioli s narančom i komoračem 49

Spaghetti al Limone 51

Kus-kus sa začinjenim povrćem 52

Začinjena pečena riža s komoračem 54

Kus-kus na marokanski način sa slanutkom 56

Vegetarijanska paella sa zelenim grahom i slanutkom 58

Škampi s češnjakom s rajčicama i bosiljkom 60

Paella sa škampima 62

Salata od leće s maslinama, mentom i fetom 64

Slanutak s češnjakom i peršinom 66

Pirjani slanutak s patlidžanima i rajčicama 68

Grčka riža s limunom 70

Riža s češnjakom i biljem 72

Mediteranska salata od riže 74

Salata od svježeg graha i tune 76

Ukusna tjestenina s piletinom 78

Okusi Taco zdjela riže 80

Okusni Mac & Cheese 82

Krastavac Maslina Riža 84

Okusi Rižoto s biljem 86

Ukusna tjestenina Primavera 88

Tjestenina od pečene paprike 90

Sir bosiljak rajčica riža 92

Mac & Cheese 94

Tjestenina od tune 95

Panini mješavina avokada i puretine 97

Omot od krastavaca, piletine i manga 99

Fattoush – Bliskoistočni kruh 101

Focaccia bez glutena od češnjaka i rajčice 103

Pljeskavice na žaru s gljivama 105

Mediteranska Baba Ghanoush 107

Kiflice za večeru bez žitarica i glutena 109

Paella od povrća

Vrijeme pripreme: 25 minuta

Vrijeme za kuhanje: 45 minuta

Porcije: 6

Razina težine: prosječna

Sastojci:

- ¼ šalice maslinovog ulja
- 1 veliki slatki luk
- 1 velika crvena paprika
- 1 velika zelena paprika
- 3 češnja češnjaka, sitno nasjeckana
- 1 žličica dimljene paprike
- 5 niti šafrana
- 1 tikvica, narezana na kockice od ½ inča
- 4 velike zrele rajčice, oguljene, očišćene od sjemenki i nasjeckane
- 1½ šalice španjolske riže kratkog zrna
- 3 šalice zagrijane juhe od povrća

Upute:

Zagrijte pećnicu na 350°F. Zagrijte maslinovo ulje na srednjoj vatri. Umiješajte luk te crvenu i zelenu papriku i kuhajte 10 minuta.

Umiješajte češnjak, papriku, šafranove niti, tikvice i rajčice. Smanjite vatru na srednje nisku i kuhajte 10 minuta.

Umiješajte rižu i juhu od povrća. Pojačajte vatru da paella zavrije. Stavite vatru na srednje nisku i kuhajte 15 minuta. Tepsiju omotajte aluminijskom folijom i stavite u pećnicu.

Pecite 10 minuta ili dok se juha ne upije.

Nutritivna vrijednost (za 100g):288 kalorija 10 g masti 46 g ugljikohidrata 3 g proteina 671 mg natrija

Tepsija od patlidžana i riže

Vrijeme pripreme: 30 minuta

Vrijeme za kuhanje: 35 minuta

Porcije: 4

Razina težine: Teško

Sastojci:

- <u>Za umak</u>
- ½ šalice maslinovog ulja
- 1 manja glavica luka nasjeckana
- 4 zgnječena češnja češnjaka
- 6 zrelih rajčica, oguljenih i nasjeckanih
- 2 žlice paste od rajčice
- 1 žličica sušenog origana
- ¼ žličice mljevenog muškatnog oraščića
- ¼ žličice mljevenog kumina
- <u>Za Tepsiju</u>
- 4 (6 inča) japanska patlidžana, prepolovljena po dužini
- 2 žlice maslinovog ulja
- 1 šalica kuhane riže
- 2 žlice pinjola, prženih
- 1 šalica vode

Upute:

Napraviti umak

Kuhajte maslinovo ulje u loncu s debelim dnom na srednjoj vatri. Stavite luk i kuhajte 5 minuta. Umiješajte češnjak, rajčice, pastu od rajčice, origano, muškatni oraščić i kumin. Prokuhajte, a zatim smanjite vatru i kuhajte 10 minuta. Izvadite i ostavite sa strane.

Napraviti tepsiju

Prethodno zagrijte brojlere. Dok se umak kuha, pokapajte patlidžane maslinovim uljem i stavite ih u lim za pečenje. Pecite oko 5 minuta dok ne porumene. Izvadite i ostavite da se ohladi. Uključite pećnicu na 375°F. Rasporedite ohlađene patlidžane, sa prerezanom stranom prema gore, u posudu za pečenje veličine 9 x 13 inča. Nježno izdubite malo mesa kako biste napravili mjesta za nadjev.

U zdjeli pomiješajte pola umaka od rajčice, kuhanu rižu i pinjole. Svaku polovicu patlidžana napunite smjesom od riže. U istoj zdjeli pomiješajte preostali umak od rajčice i vodu. Preliti preko patlidžana. Pecite poklopljeno 20 minuta dok patlidžan ne omekša.

Nutritivna vrijednost (za 100g):453 kalorije 39 g masti 29 g ugljikohidrata 7 g proteina 820 mg natrija

Kuskus s mnogo povrća

Vrijeme pripreme: 15 minuta

Vrijeme za kuhanje: 45 minuta

Porcije: 8

Razina težine: Teško

Sastojci:

- ¼ šalice maslinovog ulja
- 1 glavica luka nasjeckana
- 4 češnja češnjaka, mljevena
- 2 jalapeño paprike, izbodene vilicom na nekoliko mjesta
- ½ žličice mljevenog kima
- ½ žličice mljevenog korijandera
- 1 (28 unci) limenka zgnječenih rajčica
- 2 žlice paste od rajčice
- 1/8 žličice soli
- 2 lista lovora
- 11 šalica vode, podijeljeno
- 4 mrkve
- 2 tikvice, izrezane na komade od 2 inča
- 1 tikva od žira, prepolovljena, očišćena od sjemenki i narezana na ploške debljine 1 inča
- 1 (15 unci) konzerva slanutka, ocijeđena i isprana
- ¼ šalice nasjeckanih konzerviranih limuna (po želji)

- 3 šalice kus-kusa

Upute:

Zakuhajte maslinovo ulje u loncu s debelim dnom. Stavite luk i kuhajte 4 minute. Umiješajte češnjak, jalapeños, kumin i korijander. Kuhajte 1 minutu. Dodajte rajčice, pastu od rajčice, sol, lovorov list i 8 šalica vode. Zakuhajte smjesu.

Dodajte mrkvu, tikvice i tikvicu od žira i vratite da prokuha. Lagano smanjite vatru, poklopite i kuhajte oko 20 minuta dok povrće ne omekša, ali ne postane kašasto. Uzmite 2 šalice tekućine od kuhanja i ostavite sa strane. Začiniti po potrebi.

Dodajte slanutak i konzervirani limun (ako koristite). Kuhajte nekoliko minuta, pa ugasite vatru.

U srednjoj tavi zakuhajte preostale 3 šalice vode na jakoj vatri. Umiješajte kus-kus, poklopite i ugasite vatru. Pustite kus-kus da odstoji 10 minuta. Prelijte sa 1 šalicom sačuvane tekućine od kuhanja. Vilicom izmiješajte kus-kus.

Istresite ga na veliki pladanj. Prelijte ga preostalom tekućinom od kuhanja. Izvadite povrće iz lonca i rasporedite po vrhu. Preostalo varivo poslužite u posebnoj posudi.

Nutritivna vrijednost (za 100g):415 kalorija 7 g masti 75 g ugljikohidrata 9 g proteina 718 mg natrija

Kushari

Vrijeme pripreme: 25 minuta

Vrijeme za kuhanje: 1 sat i 20 minuta

Porcije: 8

Razina težine: Teško

Sastojci:

- Za umak
- 2 žlice maslinovog ulja
- 2 režnja češnjaka, mljevena
- 1 (16 unci) konzerva umaka od rajčice
- ¼ šalice bijelog octa
- ¼ šalice Harissa ili kupovne
- 1/8 žličice soli
- Za rižu
- 1 šalica maslinovog ulja
- 2 glavice luka narezane na tanke ploške
- 2 šalice sušene smeđe leće
- 4 litre plus ½ šalice vode, podijeljeno
- 2 šalice riže kratkog zrna
- 1 žličica soli
- kratka tjestenina od 1 funte

- 1 (15 unci) konzerva slanutka, ocijeđena i isprana

Upute:

Za pripremu umaka

U loncu zakuhajte maslinovo ulje. Prodinstajte češnjak. Umiješajte umak od rajčice, ocat, harissu i sol. Pustite umak da prokuha. Smanjite vatru i kuhajte 20 minuta ili dok se umak ne zgusne. Izvadite i ostavite sa strane.

Za pripremu riže

Pripremite tanjur papirnatim ručnicima i ostavite sa strane. U velikoj tavi na srednje jakoj vatri zagrijte maslinovo ulje. Pirjajte luk, često miješajući, dok ne postane hrskav i zlatne boje. Prebacite luk na pripremljeni tanjur i ostavite sa strane. Sačuvajte 2 žlice ulja za kuhanje. Tepsiju rezervirati.

Na jakoj vatri pomiješajte leću i 4 šalice vode u loncu. Ostavite da zavrije i kuhajte 20 minuta. Procijedite i pomiješajte s 2 jušne žlice ulja za kuhanje. Staviti na stranu. Rezervirajte lonac.

Stavite tavu u kojoj ste pržili luk na srednje jaku vatru i dodajte rižu, 4½ šalice vode i sol. Pustite da prokuha. Smjestite vatru na nisku temperaturu i kuhajte 20 minuta. Isključite i ostavite sa strane 10 minuta. Preostalih 8 šalica posoljene vode zakuhajte na jakoj vatri u istoj posudi u kojoj ste kuhali leću. Ubacite tjesteninu i kuhajte 6 minuta ili prema uputama na pakiranju. Ocijedite i ostavite sa strane.

Sastaviti

Žlicom rasporedite rižu na tanjur za posluživanje. Nadjenite leću, slanutak i tjesteninu. Prelijte vrućim umakom od rajčice i pospite hrskavo prženim lukom.

Nutritivna vrijednost (za 100g):668 kalorija 13 g masti 113 g ugljikohidrata 18 g proteina 481 mg natrija

Bulgur s rajčicama i slanutkom

Vrijeme pripreme: 10 minuta

Vrijeme za kuhanje: 35 minuta

Porcije: 6

Razina težine: prosječna

Sastojci:

- ½ šalice maslinovog ulja
- 1 glavica luka nasjeckana
- 6 rajčica, narezanih na kockice, ili 1 (16 unci) konzerva rajčica narezanih na kockice
- 2 žlice paste od rajčice
- 2 šalice vode
- 1 žlica Harissa, ili kupljena u trgovini
- 1/8 žličice soli
- 2 šalice krupnog bulgura
- 1 (15 unci) konzerva slanutka, ocijeđena i isprana

Upute:

U loncu s debelim dnom na srednje jakoj vatri zagrijte maslinovo ulje. Pirjajte luk pa dodajte rajčicu s njihovim sokom i kuhajte 5 minuta.

Umiješajte pastu od rajčice, vodu, harissu i sol. Pustite da prokuha.

Umiješajte bulgur i slanutak. Vratite smjesu da zavrije. Smanjite vatru i kuhajte 15 minuta. Ostavite da odstoji 15 minuta prije posluživanja.

Nutritivna vrijednost (za 100g):413 kalorija 19 g masti 55 g ugljikohidrata 14 g proteina 728 mg natrija

Skuša Maccheroni

Vrijeme pripreme: 10 minuta

Vrijeme za kuhanje: 15 minuta

Porcije: 4

Razina težine: lako

Sastojci:

- 12 oz Maccheroni
- 1 češanj češnjaka
- 14oz umak od rajčice
- 1 grančica nasjeckanog peršina
- 2 svježe čili papričice
- 1 žličica soli
- 7oz skuše u ulju
- 3 žlice ekstra djevičanskog maslinovog ulja

Upute:

Počnite stavljanjem vode da prokuha u loncu. Dok se voda zagrijava, uzmite šerpu, ulijte malo ulja i malo češnjaka i kuhajte na laganoj vatri. Kada je češnjak pečen, izvadite ga iz posude.

Čili papričicu razrežite, izvadite unutarnje sjemenke i narežite na tanke trakice.

Dodajte vodu od kuhanja i čili papričicu u istu tavu kao prije. Zatim uzmite skuše i nakon što ih ocijedite od ulja i odvojite vilicom, stavite u tavu s ostalim sastojcima. Lagano pirjajte uz dolijevanje vode od kuhanja.

Kada su svi sastojci dobro sjedinjeni, dodajte pire od rajčice u tavu. Dobro izmiješajte da se svi sastojci izjednače i kuhajte na laganoj vatri oko 3 minute.

Prijeđimo na tjesteninu:

Nakon što voda počne ključati, dodajte sol i tjesteninu. Ocijedite maccherone kada su malo al dente i dodajte ih umaku koji ste pripremili.

Pirjajte nekoliko trenutaka u umaku i nakon kušanja začinite solju i paprom po želji.

Nutritivna vrijednost (za 100g):510 kalorija 15,4 g masti 70 g ugljikohidrata 22,9 g bjelančevina 730 mg natrija

Maccheroni sa cherry rajčicama i inćunima

Vrijeme pripreme: 10 minuta

Vrijeme za kuhanje: 15 minuta

Porcije: 4

Razina težine: lako

Sastojci:

- 14 oz Maccheroni tjestenine
- 6 slanih inćuna
- 4 oz cherry rajčice
- 1 češanj češnjaka
- 3 žlice ekstra djevičanskog maslinovog ulja
- Svježe čili papričice po ukusu
- 3 lista bosiljka
- Posolite po ukusu

Upute:

Počnite tako da zagrijete vodu u loncu i posolite je kad proključa. U međuvremenu pripremite umak: uzmite oprane rajčice i narežite ih na 4 dijela.

Sada uzmite neprijanjajuću tavu, poprskajte je s malo ulja i stavite režanj češnjaka. Kad je kuhan, izvadite ga iz posude. Čiste inćune dodajte u tavu, otopite ih na ulju.

Kad se inćuni dobro otope, dodajte narezane rajčice i pojačajte vatru dok ne počnu omekšati (pazite da ne omekšaju).

Dodajte čili papričicu bez sjemenki narezanu na sitne komadiće i začinite.

Prebacite tjesteninu u lonac s kipućom vodom, ocijedite je al dente i ostavite da se nekoliko trenutaka pirja u loncu.

Nutritivna vrijednost (za 100g):476 kalorija 11 g masti 81,4 g ugljikohidrata 12,9 g bjelančevina 763 mg natrija

Rižoto od limuna i škampa

Vrijeme pripreme: 10 minuta

Vrijeme za kuhanje: 30 minuta

Porcije: 4

Razina težine: lako

Sastojci:

- 1 limun
- 14oz škampa s ljuskom
- 1 ¾ šalice riže za rižoto
- 1 bijeli luk
- 33 sp. oz (1 litra) juhe od povrća (dobro je i manje)
- 2 ½ žlice maslaca
- ½ čaše bijelog vina
- Posolite po ukusu
- Crni papar po ukusu
- Vlasac po ukusu

Upute:

Počnite kuhati škampe u slanoj vodi 3-4 minute, ocijedite ih i ostavite sa strane.

Ogulite i sitno nasjeckajte luk, popržite ga na otopljenom maslacu i kad se maslac osuši, tostirajte rižu na tavi nekoliko minuta.

Rižu deglazirajte s pola čaše bijelog vina, pa dodajte sok od 1 limuna. Promiješajte i do kraja kuhajte rižu dodajući po potrebi žlicu temeljca od povrća.

Dobro promiješajte i nekoliko minuta prije kraja kuhanja dodajte prethodno skuhane škampe (neke ih ostavite sa strane za ukras) i malo crnog papra.

Kad se vatra ugasi, dodajte kockicu maslaca i promiješajte. Rižoto je spreman za posluživanje. Ukrasite preostalim kozicama i pospite malo vlasca.

Nutritivna vrijednost (za 100g):510 kalorija 10 g masti 82,4 g ugljikohidrata 20,6 g bjelančevina 875 mg natrija

Špageti sa školjkama

Vrijeme pripreme: 10 minuta

Vrijeme za kuhanje: 40 minuta

Porcije: 4

Razina težine: lako

Sastojci:

- 11,5 oz špageta
- 2 funte školjki
- 7oz umaka od rajčice ili pulpe od rajčice za crvenu verziju ovog jela
- 2 češnja češnjaka
- 4 žlice ekstra djevičanskog maslinovog ulja
- 1 čaša suhog bijelog vina
- 1 žlica sitno nasjeckanog peršina
- 1 čili papričica

Upute:

Započnite s pranjem školjki: nikada ih ne "očistite" — moraju se otvoriti samo pomoću topline, inače se njihova dragocjena unutarnja tekućina gubi zajedno s pijeskom. Školjke brzo operite pomoću cjedila u zdjeli za salatu: to će filtrirati pijesak na školjkama.

Zatim ocijeđene školjke odmah stavite u lonac s poklopcem na jaku vatru. Povremeno ih preokrenite, a kada su skoro sve otvorene maknite ih s vatre. Školjke koje ostanu zatvorene su mrtve i moraju se eliminirati. Mekušce izvadite iz otvorenih, a neke ostavite cijele za ukrašavanje jela. Procijedite tekućinu koja je ostala na dnu posude i ostavite sa strane.

Uzmite veliku tepsiju i u nju ulijte malo ulja. Zagrijte cijelu papriku i jedan ili dva češnja protisnutog češnjaka na vrlo laganoj vatri dok češnjevi ne postanu žućkasti. Dodajte školjke i začinite suhim bijelim vinom.

Sada dodajte prethodno procijeđenu tekućinu od školjki i malo sitno nasjeckanog peršina.

Procijedite i odmah ubacite špagete al dente u tavu, nakon što ste ih skuhali u puno slane vode. Dobro promiješajte dok špageti ne upiju svu tekućinu iz školjki. Ako niste koristili čili papričicu, dodajte malo bijelog ili crnog papra.

Nutritivna vrijednost (za 100g):167 kalorija 8 g masti 8,63 g ugljikohidrata 5 g bjelančevina 720 mg natrija

Grčka riblja juha

Vrijeme pripreme: 10 minuta

Vrijeme za kuhanje: 60 minuta

Porcije: 4

Razina težine: lako

Sastojci:

- Oslić ili druga bijela riba
- 4 krumpira
- 4 mlada luka
- 2 mrkve
- 2 stabljike celera
- 2 rajčice
- 4 žlice ekstra djevičanskog maslinovog ulja
- 2 jaja
- 1 limun
- 1 šalica riže
- Posolite po ukusu

Upute:

Odaberite ribu koja ne prelazi 2,2 funte težine, uklonite joj krljušti, škrge i utrobu te je dobro operite. Posolite ga i ostavite sa strane.

Operite krumpir, mrkvu i luk te ih cijele stavite u lonac s dovoljno vode da se namoče, a zatim ih prokuhajte.

Dodati celer još povezan u vezice da se ne rasipa tijekom kuhanja, rajčice narezati na četiri dijela pa i njih dodati zajedno s uljem i solju.

Kad je povrće skoro kuhano dodajte još vode i ribu. Kuhajte 20 minuta pa izvadite iz juhe zajedno s povrćem.

Stavite ribu u posudu za posluživanje tako da je ukrasite povrćem i procijedite juhu. Ponovno stavite juhu na vatru, razrijedite je s malo vode. Kad prokuha ubacite rižu i posolite. Nakon što je riža kuhana, maknite lonac s vatre.

Pripremite avgolemono umak:

Jaja dobro umutiti i polako dodavati limunov sok. U kutlaču stavite malo juhe i polako je ulijevajte u jaja uz neprestano miješanje.

Na kraju u juhu dodati dobiveni umak i dobro promiješati.

Nutritivna vrijednost (za 100g):263 kalorije 17,1 g masti 18,6 g ugljikohidrata 9 g bjelančevina 823 mg natrija

Venere riža sa škampima

Vrijeme pripreme: 10 minuta

Vrijeme za kuhanje: 55 minuta

Porcije: 3

Razina težine: lako

Sastojci:

- 1 ½ šalice crne Venere riže (bolje prokuhane)
- 5 žličica ekstra djevičanskog maslinovog ulja
- 10,5 oz škampa
- 10,5 oz tikvica
- 1 limun (sok i korica)
- Kuhinjska sol po ukusu
- Crni papar po ukusu
- 1 češanj češnjaka
- Tabasco po ukusu

Upute:

Počnimo s rižom:

Nakon što lonac napunite s puno vode i prokuhate, uspite rižu, posolite i kuhajte potrebno vrijeme (pogledajte upute za kuhanje na pakiranju).

Za to vrijeme naribajte tikvice ribežom s velikim rupama. U tavi zagrijte maslinovo ulje s oguljenim češnjem češnjaka, dodajte naribane tikvice, posolite i popaprite te kuhajte 5 minuta, izvadite češanj češnjaka, a povrće ostavite sa strane.

Sada očistite škampe:

Skinite ljusku, odrežite rep, prepolovite ih po dužini i izvadite crijevo (tamnu nit na leđima). Očišćene škampe stavite u zdjelu i začinite maslinovim uljem; dajte mu dodatni okus dodavanjem limunove korice, soli i papra te dodavanjem nekoliko kapi tabasca ako tako želite.

Zagrijte škampe na vrućoj tavi par minuta. Kad je kuhano, ostaviti sa strane.

Kada je Venere riža gotova, procijedite je u zdjelu, dodajte mješavinu tikvica i promiješajte.

Nutritivna vrijednost (za 100g):293 kalorije 5 g masti 52 g ugljikohidrata 10 g proteina 655 mg natrija

Pennette s lososom i votkom

Vrijeme pripreme: 10 minuta

Vrijeme za kuhanje: 18 minuta

Porcije: 4

Razina težine: lako

Sastojci:

- 14oz Pennette Rigate
- 7 oz dimljeni losos
- 1,2 oz luk
- 1,35 sp. oz (40 ml) votke
- 5 oz cherry rajčica
- 7 oz svježeg tekućeg vrhnja (preporučam biljno za laganije jelo)
- Vlasac po ukusu
- 3 žlice ekstra djevičanskog maslinovog ulja
- Posolite po ukusu
- Crni papar po ukusu
- Bosiljak po ukusu (za ukras)

Upute:

Operite i narežite rajčice i vlasac. Nakon što ste ogulili ljutiku, nasjeckajte je nožem, stavite u lonac i ostavite da se nekoliko trenutaka marinira u ekstra djevičanskom maslinovom ulju.

Za to vrijeme narežite losos na trakice i propirjajte ga zajedno s uljem i ljutikom.

Pomiješajte sve s votkom, pazite jer bi moglo doći do plamena (ako se plamen podigne, ne brinite, smanjit će se čim alkohol potpuno ispari). Dodajte nasjeckanu rajčicu i dodajte prstohvat soli i po želji malo papra. Na kraju dodajte vrhnje i nasjeckani vlasac.

Dok se umak kuha, pripremite tjesteninu. Kad voda zakipi, ulijte Pennette i pustite da se kuhaju al dente.

Procijedite tjesteninu i ulijte Pennette u umak, pustite da se kuha nekoliko trenutaka kako bi upile sav okus. Ako želite, ukrasite listićem bosiljka.

Nutritivna vrijednost (za 100g):620 kalorija 21,9 g masti 81,7 g ugljikohidrata 24 g bjelančevina 326 mg natrija

Plodovi mora Carbonara

Vrijeme pripreme: 15 minuta

Vrijeme za kuhanje: 50 minuta

Porcije: 3

Razina težine: lako

Sastojci:

- 11,5 oz špageta
- 3,5 oz tunjevine
- 3,5 oz sabljarka
- 3,5 oz lososa
- 6 žumanjaka
- 4 žlice parmezana (Parmigiano Reggiano)
- 2 sp. oz (60ml) Bijelo vino
- 1 češanj češnjaka
- Ekstra djevičansko maslinovo ulje po ukusu
- Kuhinjska sol po ukusu
- Crni papar po ukusu

Upute:

Pripremite kipuću vodu u loncu i dodajte malo soli.

Za to vrijeme u zdjelu ulijemo 6 žumanjaka i dodamo naribani parmezan, papar i sol. Umutite pjenjačom, te razrijedite s malo vode od kuhanja iz lonca.

S lososa uklonite sve kosti, s sabljarke ljuske i nastavite s narezivanjem tune, lososa i sabljarke na kockice.

Kad prokuha, ubacite tjesteninu i lagano je skuhajte al dente.

Za to vrijeme u većoj tavi zagrijte malo ulja, dodajte cijeli oguljeni češanj češnjaka. Kad se ulje zagrije, ubacite kockice ribe i pirjajte na jakoj vatri oko 1 minutu. Izvadite češnjak i dodajte bijelo vino.

Nakon što alkohol ispari, izvadite kockice ribe i smanjite vatru. Čim su špageti gotovi, dodajte ih u tavu i pirjajte oko minutu uz stalno miješanje i dolijevanje vode od kuhanja po potrebi.

Ulijte smjesu od žumanjaka i kockice ribe. Dobro promiješajte. Poslužiti.

Nutritivna vrijednost (za 100g):375 kalorija 17 g masti 41,40 g ugljikohidrata 14 g bjelančevina 755 mg natrija

Garganelli s pestom od tikvica i škampima

Vrijeme pripreme: 10 minuta

Vrijeme za kuhanje: 30 minuta

Porcije: 4

Razina težine: prosječna

Sastojci:

- Garganelli na bazi jaja od 14 oz
- Za pesto od tikvica:
- 7 oz tikvica
- 1 šalica pinjola
- 8 žlica (0,35 oz) bosiljka
- 1 čajna žličica kuhinjske soli
- 9 žlica ekstra djevičanskog maslinovog ulja
- 2 žlice parmezana naribati
- 1 oz pecorina za naribati
- Za pirjane škampe:
- 8,8 oz škampi
- 1 češanj češnjaka
- 7 žličica ekstra djevičanskog maslinovog ulja
- Prstohvat soli

Upute:

Počnite s pripremom pesta:

Nakon što ste oprali tikvice, naribajte ih, stavite u cjedilo (da izgube dio viška tekućine) i lagano posolite. Stavite pinjole, tikvice i listiće bosiljka u blender. Dodajte naribani parmezan, pecorino i ekstra djevičansko maslinovo ulje.

Sve miksajte dok smjesa ne postane kremasta, umiješajte prstohvat soli i ostavite sa strane.

Prijeđite na škampe:

Prije svega izvucite crijevo tako što ćete nožem zarezati hrbat kozice po cijeloj dužini i vrhom noža ukloniti crnu nit iznutra.

Skuhajte češanj češnjaka u neprianjajućoj tavi s ekstra djevičanskim maslinovim uljem. Kad porumeni, izvadite češnjak i dodajte škampe. Pirjajte ih oko 5 minuta na srednjoj vatri, dok se izvana ne stvori hrskava korica.

Zatim zakuhajte lonac slane vode i skuhajte garganele. Par žlica vode od kuhanja ostaviti sa strane, a tjesteninu al dente ocijediti.

Garganelle stavite u tavu u kojoj ste kuhali škampe. Kuhajte zajedno minutu, dodajte žlicu vode od kuhanja i na kraju dodajte pesto od tikvica.

Sve dobro izmiješajte da se tjestenina sjedini s umakom.

Nutritivna vrijednost (za 100g):776 kalorija 46 g masti 68 g ugljikohidrata 22,5 g proteina 835 mg natrija

Rižoto od lososa

Vrijeme pripreme: 10 minuta

Vrijeme za kuhanje: 30 minuta

Porcije: 4

Razina težine: prosječna

Sastojci:

- 1 ¾ šalice (12,3 oz) riže
- Odresci lososa od 8,8 oz
- 1 poriluk
- Ekstra djevičansko maslinovo ulje po ukusu
- 1 režanj češnjaka
- ½ čaše bijelog vina
- 3 ½ žlice naribanog Grana Padana
- soli po ukusu
- Crni papar po ukusu
- 17 sp. oz (500 ml) riblje juhe
- 1 šalica maslaca

Upute:

Počnite s čišćenjem lososa i rezanjem na male komadiće. Zakuhajte 1 žlicu ulja u tavi s cijelim režnjem češnjaka i zapržite losos 2/3 minute, posolite i losos stavite sa strane, a češnjak izvadite.

Sada krenite s pripremom rižota:

Poriluk narežite na vrlo sitne komade i pustite da se pirja u tavi na laganoj vatri na dvije žlice ulja. Umiješajte rižu i kuhajte je nekoliko sekundi na srednje jakoj vatri miješajući drvenom kuhačom.

Umiješajte bijelo vino i nastavite kuhati uz povremeno miješanje, nastojeći da se riža ne zalijepi za tavu, te postupno dodajte temeljac (povrtni ili riblji).

Na pola kuhanja dodajte losos, maslac i po potrebi malo soli. Kad je riža dobro kuhana, maknite je s vatre. Pomiješajte s par žlica naribanog Grana Padana i poslužite.

Nutritivna vrijednost (za 100g):521 kalorija 13 g masti 82 g ugljikohidrata 19 g proteina 839 mg natrija

Tjestenina s cherry rajčicama i inćunima

Vrijeme pripreme: 15 minuta

Vrijeme za kuhanje: 35 minuta

Porcije: 4

Razina težine: lako

Sastojci:

- 10,5 oz špageta
- Cherry rajčice od 1,3 kilograma
- 9oz inćuna (prethodno očišćenih)
- 2 žlice kapara
- 1 režanj češnjaka
- 1 mali crveni luk
- Peršin po ukusu
- Ekstra djevičansko maslinovo ulje po ukusu
- Kuhinjska sol po ukusu
- Crni papar po ukusu
- Crne masline po ukusu

Upute:

Režanj češnjaka izrežite tako da dobijete tanke ploške.

Cherry rajčice prerežite na 2 dijela. Luk ogulite i narežite na tanke ploške.

U lonac stavite malo ulja s narezanim češnjakom i lukom. Zagrijte sve na srednjoj vatri 5 minuta; povremeno promiješajte.

Nakon što je sve dobro začinjeno, dodajte cherry rajčice te prstohvat soli i papra. Kuhajte 15 minuta. U međuvremenu stavite lonac s vodom na štednjak i čim zavrije dodajte sol i tjesteninu.

Kad je umak skoro gotov, umiješajte inćune i kuhajte par minuta. Lagano promiješajte.

Ugasite vatru, nasjeckajte peršin i stavite ga u tavu.

Kada je kuhana, procijedite tjesteninu i umiješajte direktno u umak. Ponovno uključite toplinu na nekoliko sekundi.

Nutritivna vrijednost (za 100g):446 kalorija 10 g masti 66,1 g ugljikohidrata 22,8 g bjelančevina 934 mg natrija

Brokula i kobasica Orecchiette

Vrijeme pripreme: 10 minuta

Vrijeme za kuhanje: 32 minute

Porcije: 4

Razina težine: prosječna

Sastojci:

- 11,5 oz Orecchiette

- 10.5 Brokula

- 10,5 oz kobasica

- 1,35 sp. oz (40ml) Bijelo vino

- 1 režanj češnjaka

- 2 grančice majčine dušice

- 7 žličica ekstra djevičanskog maslinovog ulja

- Crni papar po ukusu

- Kuhinjska sol po ukusu

Upute:

Zakuhajte lonac pun vode i soli. Cvjetiće brokule skinite sa stabljike i prerežite na pola ili na 4 dijela ako su preveliki; zatim ih stavite u kipuću vodu i poklopite lonac te kuhajte 6-7 minuta.

U međuvremenu majčinu dušicu sitno nasjeckajte i ostavite sa strane. Kobasici izvadite utrobu i viljuškom je nježno zgnječite.

Na malo maslinovog ulja popržite češanj češnjaka i dodajte kobasicu. Nakon nekoliko sekundi dodajte majčinu dušicu i malo bijelog vina.

Ne izbacujući vodu od kuhanja, skuhane brokule izvadite šupljikavom žlicom i dodajte ih malo po malo u meso. Sve kuhajte 3-4 minute. Izvadite češnjak i dodajte prstohvat crnog papra.

Pustite da voda u kojoj ste kuhali brokulu prokuha, zatim ubacite tjesteninu i pustite da se kuha. Nakon što je tjestenina kuhana, procijedite je šupljikavom žlicom i prebacite izravno u umak od brokule i kobasica. Zatim dobro promiješajte, dodajte crni papar i sve pirjajte u tavi par minuta.

Nutritivna vrijednost (za 100g):683 kalorije 36 g masti 69,6 g ugljikohidrata 20 g proteina 733 mg natrija

Rižoto od radiča i dimljene slanine

Vrijeme pripreme: 10 minuta

Vrijeme za kuhanje: 30 minuta

Porcije: 3

Razina težine: prosječna

Sastojci:

- 1 ½ šalice riže
- 14oz radiča
- 5,3 oz dimljene slanine
- 34 sp. oz (1l) Juha od povrća
- 3,4 sp. oz (100 ml) Crveno vino
- 7 žličica ekstra djevičanskog maslinovog ulja
- 1,7 oz luka
- Kuhinjska sol po ukusu
- Crni papar po ukusu
- 3 grančice majčine dušice

Upute:

Počnimo s pripremom juhe od povrća.

Počnite s radičem: prerežite ga na pola i uklonite središnji dio (bijeli dio). Narežite ga na trakice, dobro operite i ostavite sa strane. Dimljenu slaninu također narežite na sitne trakice.

Ljutiku sitno nasjeckajte i stavite u tavu na malo ulja. Pustite da lagano krčka na srednjoj vatri uz dolijevanje žlice juhe, zatim dodajte slaninu i pustite da porumeni.

Nakon otprilike 2 minute dodajte rižu i prepecite je uz često miješanje. U ovom trenutku ulijte crno vino na jakoj vatri.

Nakon što sav alkohol ispari, nastavite kuhati dodajući žlicu po žlicu juhe. Pustite prethodni da se osuši prije dodavanja drugog, dok se potpuno ne skuha. Dodajte sol i crni papar (ovisi koliko želite dodati).

Pred kraj kuhanja dodajte trakice radiča. Dobro ih izmiješajte dok se ne sjedine s rižom, ali bez kuhanja. Dodajte nasjeckanu majčinu dušicu.

Nutritivna vrijednost (za 100g):482 kalorije 17,5 g masti 68,1 g ugljikohidrata 13 g bjelančevina 725 mg natrija

Tjestenina alla Genovese

Vrijeme pripreme: 10 minuta

Vrijeme za kuhanje: 25 minuta

Porcije: 3

Razina težine: prosječna

Sastojci:

- 11,5 oz zitija

- 1 funta govedine

- 2,2 kilograma zlatnog luka

- 2 oz celera

- 2oz mrkve

- 1 čuperak peršina

- 3,4 sp. oz (100 ml) Bijelo vino

- Ekstra djevičansko maslinovo ulje po ukusu

- Kuhinjska sol po ukusu

- Crni papar po ukusu

- Parmezan po ukusu

Upute:

Za početak pripreme tjestenine:

Ogulite i sitno nasjeckajte luk i mrkvu. Zatim operite i sitno nasjeckajte celer (lišće nemojte bacati, koje također morate nasjeckati i ostaviti sa strane). Zatim priječite na meso, očistite ga od suvišne masnoće i narežite na 5/6 velikih komada. Na kraju lišće celera i grančicu peršina uvežite kuhinjskom špagom u mirisni grozd.

Napunite dosta ulja u veliku tavu. Dodajte luk, celer i mrkvu (koju ste prethodno odvojili) i pustite da se kuha par minuta.

Zatim dodajte komade mesa, prstohvat soli i mirisnu hrpicu. Promiješajte i kuhajte nekoliko minuta. Zatim smanjite vatru i pokrijte poklopcem.

Kuhajte najmanje 3 sata (ne dolijevajte vodu ili juhu jer će luk ispustiti svu tekućinu potrebnu da se dno posude ne osuši). Povremeno sve provjerite i promiješajte.

Nakon 3 sata kuhanja maknite vezice začinskog bilja, malo pojačajte vatru, dodajte dio vina i promiješajte.

Kuhajte meso bez poklopca oko sat vremena uz često miješanje i dolijevanje vina kada se dno posude osuši.

U ovom trenutku uzmite komad mesa, narežite ga na ploške na dasci za rezanje i ostavite sa strane. Zitije nasjeckajte i skuhajte u kipućoj slanoj vodi.

Nakon kuhanja, ocijedite ga i vratite u lonac. Ulijte nekoliko žlica vode od kuhanja i promiješajte. Stavite na tanjur i dodajte malo umaka i izmrvljenog mesa (onog ostavljenog u koraku 7). Dodati papar i naribani parmezan po ukusu.

Nutritivna vrijednost (za 100g):450 kalorija 8 g masti 80 g ugljikohidrata 14,5 g proteina 816 mg natrija

Tjestenina od cvjetače iz Napulja

Vrijeme pripreme: 15 minuta

Vrijeme za kuhanje: 35 minuta

Porcije: 3

Razina težine: prosječna

Sastojci:

- 10,5 oz tjestenine
- 1 cvjetača
- 3,4 sp. oz (100 ml) pirea od rajčice
- 1 režanj češnjaka
- 1 čili papričica
- 3 žlice ekstra djevičanskog maslinovog ulja (ili žličice)
- Posolite po ukusu
- Papar po ukusu

Upute:

Cvjetaču dobro očistite: uklonite vanjske listove i peteljku. Narežite ga na male cvjetiće.

Ogulite režanj češnjaka, nasjeckajte ga i zažutite u loncu na ulju i čili papričici.

Dodajte pire od rajčice i cvjetove cvjetače i pustite da se zapeku nekoliko minuta na srednjoj vatri, zatim podlijte s nekoliko žlica vode i kuhajte 15-20 minuta ili barem dok cvjetača ne postane kremasta.

Ako vidite da vam je dno posude presuho dodajte vode koliko je potrebno da smjesa ostane tekuća.

U ovom trenutku prelijte cvjetaču vrućom vodom i kada prokuha dodajte tjesteninu.

Posolite i popaprite.

Nutritivna vrijednost (za 100g):458 kalorija 18 g masti 65 g ugljikohidrata 9 g proteina 746 mg natrija

Pasta e Fagioli s narančom i komoračem

Vrijeme pripreme: 10 minuta

Vrijeme za kuhanje: 30 minuta

Porcije: 5

Razina težine: Težina

Sastojci:

- Ekstra djevičansko maslinovo ulje – 1 žlica. plus dodatak za posluživanje
- Panceta – 2 unce, sitno nasjeckana
- Luk - 1, sitno nasjeckan
- Komorač – 1 lukovica, odbaciti stabljike, prepoloviti lukovicu, izvaditi jezgru i sitno nasjeckati
- Celer – 1 rebro, mljeveno
- Češnjak – 2 češnja, mljevena
- Fileti inćuna – 3 komada, oprati i samljeti
- Mljeveni svježi origano - 1 žlica.
- Naribana narančina korica - 2 žličice.
- Sjemenke komorača - ½ žličice.
- Pahuljice crvene paprike - ¼ žličice.
- Rajčice narezane na kockice – 1 limenka (28 unci).
- Parmezan sir – 1 kora, plus još za posluživanje
- Cannellini grah – 1 limenka (7 unci), isprana
- Pileća juha - 2 ½ šalice
- Voda - 2 ½ šalice

- Sol i papar

- Orzo – 1 šalica

- Mljeveni svježi peršin - ¼ šalice

Upute:

Zagrijte ulje u nizozemskoj pećnici na srednje jakoj vatri. Dodajte pancetu. Pržite uz miješanje 3 do 5 minuta ili dok ne počnu rumeniti. Umiješajte celer, komorač i luk te uz miješanje pržite dok ne omekša (oko 5 do 7 minuta).

Pomiješajte ljuskice papra, sjemenke komorača, koricu naranče, origano, inćune i češnjak. Kuhajte 1 minutu. Umiješajte rajčice i njihov sok. Umiješajte koricu parmezana i mahune.

Zakuhajte i kuhajte 10 minuta. Umiješajte vodu, juhu i 1 žličicu. sol. Neka prokuha na jakoj vatri. Umiješajte tjesteninu i kuhajte dok ne postane al dente.

Maknite s vatre i bacite koru parmezana.

Umiješajte peršin i začinite solju i paprom po ukusu. Prelijte maslinovim uljem i prelijte naribanim parmezanom. Poslužiti.

Nutritivna vrijednost (za 100g):502 kalorije 8,8 g masti 72,2 g ugljikohidrata 34,9 g bjelančevina 693 mg natrija

Spaghetti al Limone

Vrijeme pripreme: 10 minuta

Vrijeme za kuhanje: 15 minuta

Porcije: 6

Razina težine: lako

Sastojci:

- Ekstra djevičansko maslinovo ulje – ½ šalice

- Naribana korica limuna - 2 žličice.

- Sok od limuna - 1/3 šalice

- Češnjak – 1 češanj, samljeven za paštetu

- Sol i papar

- Parmezan sir – 2 unce, nariban

- Špageti - 1 funta

- Naribani svježi bosiljak - 6 žlica.

Upute:

U zdjeli umutiti češnjak, ulje, koricu limuna, sok, ½ žličice. sol i ¼ žličice. papar. Umiješajte parmezan i miksajte dok ne postane kremasto.

U međuvremenu skuhajte tjesteninu prema uputama na pakiranju. Ocijedite i sačuvajte ½ šalice vode za kuhanje. Dodajte mješavinu ulja i bosiljak tjestenini i promiješajte da se sjedini. Dobro začinite i po potrebi dodajte vode od kuhanja. Poslužiti.

Nutritivna vrijednost (za 100g):398 kalorija 20,7 g masti 42,5 g ugljikohidrata 11,9 g bjelančevina 844 mg natrija

Kus-kus sa začinjenim povrćem

Vrijeme pripreme: 10 minuta

Vrijeme za kuhanje: 20 minuta

Porcije: 6

Razina težine: Teško

Sastojci:

- Cvjetača – 1 glavica, izrezana na cvjetove od 1 inča
- Ekstra djevičansko maslinovo ulje – 6 žlica. plus dodatak za posluživanje
- Sol i papar
- Kuskus - 1 ½ šalice
- Tikvica – 1, narezana na komade od ½ inča
- Crvena paprika – 1, očišćena od peteljki, sjemenki i izrezana na komade od ½ inča
- Češnjak – 4 češnja, mljevena
- Ras el hanout – 2 žličice.
- Naribana korica limuna -1 žličica. plus kriške limuna za posluživanje
- Pileća juha - 1 ¾ šalice
- Mljeveni svježi mažuran - 1 žlica.

Upute:

U tavi zagrijte 2 žlice. ulja na srednjoj vatri. Dodajte cvjetaču, ¾ žličice. soli i ½ žličice. papar. Miješati. Kuhajte dok cvjetići ne postanu smeđi, a rubovi tek prozirni.

Skinite poklopac i kuhajte uz miješanje 10 minuta ili dok cvjetići ne porumene. Prebacite u zdjelu i očistite serpu. Zagrijte 2 žlice. ulje u tavi.

Dodajte kus-kus. Kuhajte i nastavite miješati 3 do 5 minuta, ili dok zrna tek ne počnu pržiti. Prebacite u zdjelu i očistite serpu. Zagrijte preostale 3 žlice. ulja u tavi i dodajte papriku, tikvice i ½ žličice. sol. Kuhajte 8 minuta.

Umiješajte limunovu koricu, ras el hanout i češnjak. Kuhajte dok ne zamiriše (oko 30 sekundi). Stavite u juhu i pirjajte. Umiješajte kus-kus. Maknite s vatre i ostavite sa strane dok ne omekša.

Dodajte mažuran i cvjetaču; zatim nježno protresite vilicom da se sjedini. Prelijte s dodatnim uljem i dobro začinite. Poslužite s kriškama limuna.

Nutritivna vrijednost (za 100g):787 kalorija 18,3 g masti 129,6 g ugljikohidrata 24,5 g bjelančevina 699 mg natrija

Začinjena pečena riža s komoračem

Vrijeme pripreme: 10 minuta

Vrijeme za kuhanje: 45 minuta

Porcije: 8

Razina težine: prosječna

Sastojci:

- Slatki krumpir – 1 ½ funte, oguljen i izrezan na komade od 1 inča
- Ekstra djevičansko maslinovo ulje – ¼ šalice
- Sol i papar
- Komorač – 1 lukovica, sitno nasjeckana
- Mali luk - 1, sitno nasjeckan
- Bijela riža dugog zrna – 1 ½ šalica, isprana
- Češnjak – 4 češnja, mljevena
- Ras el hanout – 2 žličice.
- Pileća juha - 2 ¾ šalice
- Velike zelene masline sušene u salamuri bez koštica – ¾ šalice, prepolovljene
- Mljeveni svježi cilantro - 2 žlice.
- Kriške limete

Upute:

Postavite rešetku za pećnicu u sredinu i zagrijte pećnicu na 400F.

Pomiješajte krumpir s ½ žličice. sol i 2 žlice. ulje.

Položite krumpir u jednom sloju u obrubljeni lim za pečenje i pecite 25 do 30 minuta ili dok ne omekša. Na pola pečenja krumpir promiješajte.

Izvadite krumpire i smanjite temperaturu pećnice na 350F. U pećnici zagrijte preostale 2 žlice. ulja na srednjoj vatri.

Dodajte luk i komorač; zatim kuhajte 5 do 7 minuta ili dok ne omekša. Umiješajte ras el hanout, češnjak i rižu. Pržite uz miješanje 3 minute.

Umiješajte masline i juhu i ostavite 10 minuta. Dodajte krumpir u rižu i lagano promiješajte vilicom da se sjedini. Začinite solju i paprom po ukusu. Ukrasite cilantrom i poslužite s kriškama limete.

Nutritivna vrijednost (za 100g):207 kalorija 8,9 g masti 29,4 g ugljikohidrata 3,9 g bjelančevina 711 mg natrija

Kus-kus na marokanski način sa slanutkom

Vrijeme pripreme: 5 minuta

Vrijeme za kuhanje: 18 minuta

Porcije: 6

Razina težine: prosječna

Sastojci:

- Ekstra djevičansko maslinovo ulje – ¼ šalice, dodatno za posluživanje
- Kuskus - 1 ½ šalice
- Oguljena i sitno nasjeckana mrkva – 2
- Sitno sjeckani luk – 1
- Sol i papar
- Češnjak - 3 češnja, mljevena
- Mljeveni korijander - 1 žličica.
- Mljeveni đumbir - žličica.
- Mljeveno sjeme anisa – ¼ žličice.
- Pileća juha - 1 ¾ šalice
- Slanutak - 1 limenka (15 unci), isprana
- Smrznuti grašak - 1 ½ šalice
- Nasjeckani svježi peršin ili cilantro - ½ šalice
- kriške limuna

Upute:

Zagrijte 2 žlice. ulja u tavi na srednjoj vatri. Umiješajte kus-kus i kuhajte 3 do 5 minuta ili dok tek ne poprimi smeđu boju. Prebacite u zdjelu i očistite serpu.

Zagrijte preostale 2 žlice. ulja u tavi i dodajte luk, mrkvu i 1 žličicu. sol. Kuhajte 5 do 7 minuta. Umiješajte anis, đumbir, korijander i češnjak. Kuhajte dok ne zamiriše (oko 30 sekundi).

Pomiješajte slanutak i juhu i pustite da zakuha. Umiješajte kus-kus i grašak. Poklopite i maknite s vatre. Ostavite sa strane dok kus-kus ne omekša.

Dodajte peršin u kus-kus i promiješajte vilicom da se sjedini. Premažite s dodatnim uljem i dobro začinite. Poslužite s kriškama limuna.

Nutritivna vrijednost (za 100g):649 kalorija 14,2 g masti 102,8 g ugljikohidrata 30,1 g bjelančevina 812 mg natrija

Vegetarijanska paella sa zelenim grahom i slanutkom

Vrijeme pripreme: 10 minuta

Vrijeme za kuhanje: 35 minuta

Porcije: 4

Razina težine: lako

Sastojci:

- Prstohvat šafrana
- Juha od povrća - 3 šalice
- Maslinovo ulje - 1 žlica.
- Žuti luk – 1 veća, narezana na kockice
- Češnjak – 4 češnja, narezana na ploške
- Crvena paprika - 1, narezana na kockice
- Zgnječene rajčice – ¾ šalice, svježe ili konzervirane
- Paradajz pasta - 2 žlice.
- Ljuta paprika - 1 ½ žličice.
- Sol – 1 žličica.
- Svježe mljeveni crni papar - ½ žličice.
- Zelene mahune – 1 ½ šalice, orezane i prepolovljene
- Slanutak – 1 konzerva (15 unci), ocijeđena i isprana
- Bijela riža kratkog zrna – 1 šalica
- Limun - 1, narezan na kriške

Upute:

Pomiješajte niti šafrana s 3 žlice. tople vode u maloj posudi. U loncu kuhajte vodu na srednjoj vatri. Smanjite vatru i ostavite da lagano kuha.

Zagrijte ulje u tavi na srednje jakoj vatri. Umiješajte luk i uz miješanje pržite 5 minuta. Dodajte papriku i češnjak te uz miješanje pržite 7 minuta ili dok paprika ne omekša. Umiješajte mješavinu šafrana i vode, sol, papar, papriku, pastu od rajčice i rajčice.

Dodajte rižu, slanutak i mahune. Umiješajte toplu juhu i pustite da zavrije. Smanjite vatru i pirjajte nepoklopljeno 20 minuta.

Poslužite vruće, ukrašeno kriškama limuna.

Nutritivna vrijednost (za 100g):709 kalorija 12 g masti 121 g ugljikohidrata 33 g proteina 633 mg natrija

Škampi s češnjakom s rajčicama i bosiljkom

Vrijeme pripreme: 10 minuta

Vrijeme za kuhanje: 10 minuta

Porcije: 4

Razina težine: lako

Sastojci:

- Maslinovo ulje - 2 žlice.
- Kozice – 1¼ funte, oguljene i očišćene
- Češnjak - 3 češnja, mljevena
- Mljevena crvena paprika - 1/8 žličice.
- Suho bijelo vino - ¾ šalice
- Paradajz od grožđa - 1 ½ šalice
- Sitno nasjeckani svježi bosiljak – ¼ šalice, plus još za ukras
- Sol - ¾ žličice.
- Mljeveni crni papar - ½ žličice.

Upute:

U tavi zagrijte ulje na srednje jakoj vatri. Dodajte kozice i kuhajte 1 minutu ili dok ne budu kuhane. Prebacite na tanjur.

Stavite ljuskice crvene paprike i češnjak na ulje u tavi i kuhajte uz miješanje 30 sekundi. Umiješajte vino i kuhajte dok se ne reducira otprilike na pola.

Dodajte rajčice i pržite dok se rajčice ne počnu raspadati (oko 3 do 4 minute). Umiješajte odvojene škampe, sol, papar i bosiljak. Kuhajte još 1 do 2 minute.

Poslužite ukrašeno preostalim bosiljkom.

Nutritivna vrijednost (za 100g):282 kalorije 10 g masti 7 g ugljikohidrata 33 g proteina 593 mg natrija

Paella sa škampima

Vrijeme pripreme: 10 minuta

Vrijeme za kuhanje: 25 minuta

Porcije: 4

Razina težine: prosječna

Sastojci:

- Maslinovo ulje - 2 žlice.

- Srednji luk - 1, narezan na kockice

- Crvena paprika - 1, narezana na kockice

- Češnjak - 3 češnja, mljevena

- Prstohvat šafrana

- Ljuta paprika - ¼ žličice.

- Sol – 1 žličica.

- Svježe mljeveni crni papar - ½ žličice.

- Pileća juha – 3 šalice, podijeljene

- Bijela riža kratkog zrna - 1 šalica

- Oguljeni i očišćeni veliki škampi – 1 funta

- Smrznuti grašak - 1 šalica, odmrznuta

Upute:

Zagrijte maslinovo ulje u tavi. Umiješajte luk i papriku i pržite uz miješanje 6 minuta ili dok ne omekšaju. Dodajte sol, papar, papriku, šafran i češnjak te promiješajte. Umiješajte 2 ½ šalice juhe i rižu.

Pustite da smjesa prokuha, a zatim kuhajte dok riža ne bude kuhana, oko 12 minuta. Položite škampe i grašak preko riže i dodajte preostalih ½ šalice juhe.

Vratite poklopac na tavu i kuhajte dok se svi škampi ne skuhaju (oko 5 minuta). Poslužiti.

Nutritivna vrijednost (za 100g):409 kalorija 10 g masti 51 g ugljikohidrata 25 g proteina 693 mg natrija

Salata od leće s maslinama, mentom i fetom

Vrijeme pripreme: 60 minuta

Vrijeme za kuhanje: 60 minuta

Porcije: 6

Razina težine: prosječna

Sastojci:

- Sol i papar
- Francuska leća – 1 šalica, pobrane i isprane
- Češnjak – 5 češnja, lagano zgnječen i oguljen
- lovorov list – 1
- Ekstra djevičansko maslinovo ulje – 5 žlica.
- Bijeli vinski ocat - 3 žlice.
- Kalamata masline bez koštica – ½ šalice, nasjeckane
- Sjeckana svježa menta - ½ šalice
- Luk - 1 velika, mljevena
- Feta sir – 1 unca, izmrvljen

Upute:

Dodajte 4 šalice tople vode i 1 žličicu. sol u zdjelu. Dodajte leću i kuhajte na sobnoj temperaturi 1 sat. Dobro ocijediti.

Postavite rešetku za pećnicu u sredinu i zagrijte pećnicu na 325F. Pomiješajte leću, 4 šalice vode, češnjak, lovorov list i ½ žličice. soli u lonac. Pokrijte i stavite posudu u pećnicu i kuhajte 40 do 60 minuta, ili dok leća ne omekša.

Leću dobro ocijedite, bacite češnjak i lovorov list. U velikoj zdjeli izmiksajte ulje i ocat. Dodajte ljutiku, metvicu, masline i leću i promiješajte da se sjedine.

Začinite solju i paprom po ukusu. Lijepo stavite u posudu za posluživanje i ukrasite fetom. Poslužiti.

Nutritivna vrijednost (za 100g):249 kalorija 14,3 g masti 22,1 g ugljikohidrata 9,5 g bjelančevina 885 mg natrija

Slanutak s češnjakom i peršinom

Vrijeme pripreme: 5 minuta

Vrijeme za kuhanje: 20 minuta

Porcije: 6

Razina težine: prosječna

Sastojci:

- Ekstra djevičansko maslinovo ulje – ¼ šalice
- Češnjak – 4 češnja, narezana na tanke ploške
- Pahuljice crvene paprike – 1/8 žličice.
- Luk - 1, nasjeckani
- Sol i papar
- Slanutak – 2 limenke (15 unci), isprane
- Pileća juha - 1 šalica
- Mljeveni svježi peršin - 2 žlice.
- Sok od limuna - 2 žličice.

Upute:

U tavu dodajte 3 žlice. ulju i kuhati češnjak, papar u listićima 3 minute. Umiješajte luk i ¼ žličice. posolite i kuhajte 5 do 7 minuta.

Umiješajte slanutak i juhu i pustite da zakuha. Smanjite vatru i poklopljeno kuhajte na laganoj vatri 7 minuta.

Otklopite i postavite vatru na jaku i kuhajte 3 minute, ili dok sva tekućina ne ispari. Ostavite sa strane i umiješajte limunov sok i peršin.

Začinite solju i paprom po ukusu. Prelijte 1 žlicom. nauljite i poslužite.

Nutritivna vrijednost (za 100g):611 kalorija 17,6 g masti 89,5 g ugljikohidrata 28,7 g bjelančevina 789 mg natrija

Pirjani slanutak s patlidžanima i rajčicama

Vrijeme pripreme: 10 minuta

Vrijeme za kuhanje: 60 minuta

Porcije: 6

Razina težine: lako

Sastojci:

- Ekstra djevičansko maslinovo ulje – ¼ šalice
- Luk - 2, nasjeckani
- Zelena paprika – 1 sitno nasjeckana
- Sol i papar
- Češnjak - 3 češnja, mljevena
- Mljeveni svježi origano - 1 žlica.
- lovorov list – 2
- Patlidžan – 1 funta, izrezan na komade od 1 inča
- Cijeli pelati – 1 kom konzerva, ocijeđeni sok od ostatka, nasjeckani
- Slanutak – 2 konzerve (15 unci), ocijeđene s 1 šalicom tekućine

Upute:

Postavite rešetku za pećnicu na donji srednji dio i zagrijte pećnicu na 400F. Zagrijte ulje u holandskoj pećnici. Dodajte papriku, luk, ½ žličice. soli i ¼ žličice. papar. Uz miješanje pržite 5 minuta.

Umiješajte 1 žličicu. origano, češnjak i lovor te kuhajte 30 sekundi. Umiješajte rajčice, patlidžan, odvojeni sok, slanutak i odvojenu tekućinu i pustite da zavrije. Premjestite lonac u pećnicu i kuhajte, nepoklopljeno, 45 do 60 minuta. Dva puta promiješati.

Odbacite lovorov list. Umiješajte preostale 2 žličice. origano i začinite solju i paprom. Poslužiti.

Nutritivna vrijednost (za 100g):642 kalorije 17,3 g masti 93,8 g ugljikohidrata 29,3 g bjelančevina 983 mg natrija

Grčka riža s limunom

Vrijeme pripreme: 20 minuta

Vrijeme za kuhanje: 45 minuta

Porcije: 6

Razina težine: prosječna

Sastojci:

- Riža dugog zrna – 2 šalice, nekuhana (namočena u hladnoj vodi 20 minuta, zatim ocijeđena)
- Ekstra djevičansko maslinovo ulje – 3 žlice.
- Žuti luk – 1 srednja glavica, nasjeckana
- Češnjak - 1 češanj, mljeveno
- Orzo tjestenina – ½ šalice
- Sok od 2 limuna, plus korica od 1 limuna
- Juha s niskim sadržajem natrija – 2 šalice
- Prstohvat soli
- Sjeckani peršin – 1 velika šaka
- Korov kopra - 1 žličica.

Upute:

U loncu zagrijte 3 žlice. ekstra djevičansko maslinovo ulje. Dodajte luk i uz miješanje pržite 3 do 4 minute. Dodajte orzo tjesteninu i češnjak i promiješajte.

Zatim ubacite rižu da se premaže. Dodajte juhu i limunov sok. Zakuhajte i smanjite vatru. Poklopite i kuhajte oko 20 minuta.

Maknite s vatre. Pokrijte i ostavite sa strane 10 minuta. Otkrijte i umiješajte limunovu koricu, korov kopra i peršin. Poslužiti.

Nutritivna vrijednost (za 100g):145 kalorija 6,9 g masti 18,3 g ugljikohidrata 3,3 g bjelančevina 893 mg natrija

Riža s češnjakom i biljem

Vrijeme pripreme: 10 minuta

Vrijeme za kuhanje: 30 minuta

Porcije: 4

Razina težine: lako

Sastojci:

- Ekstra djevičansko maslinovo ulje – ½ šalice, podijeljeno
- Veliki češnjak - 5, mljeveno
- Smeđa riža jasmina - 2 šalice
- Voda - 4 šalice
- Morska sol - 1 žličica.
- Crni papar - 1 žličica.
- Nasjeckani svježi vlasac – 3 žlice.
- Sjeckani svježi peršin - 2 žlice.
- Sjeckani svježi bosiljak - 1 žlica.

Upute:

U lonac dodajte ¼ šalice maslinovog ulja, češnjak i rižu.

Promiješajte i zagrijte na srednje jakoj vatri. Umiješajte vodu, morsku sol i crni papar. Zatim ponovno promiješajte.

Zakuhajte i smanjite vatru. Pirjajte nepoklopljeno uz povremeno miješanje.

Kad se voda gotovo upije, pomiješajte preostalu ¼ šalice maslinovog ulja, zajedno s bosiljkom, peršinom i vlascem.

Miješajte dok se začinsko bilje ne sjedini i ne upije sva voda.

Nutritivna vrijednost (za 100g):304 kalorije 25,8 g masti 19,3 g ugljikohidrata 2 g proteina 874 mg natrija

Mediteranska salata od riže

Vrijeme pripreme: 10 minuta

Vrijeme za kuhanje: 25 minuta

Porcije: 4

Razina težine: prosječna

Sastojci:

- Ekstra djevičansko maslinovo ulje – ½ šalice, podijeljeno
- Smeđa riža dugog zrna – 1 šalica
- Voda - 2 šalice
- Svježi sok od limuna - ¼ šalice
- Češanj češnjaka - 1, mljeveno
- Mljeveni svježi ružmarin - 1 žličica.
- Mljevena svježa menta - 1 žličica.
- Belgijska endivija – 3, nasjeckana
- Crvena paprika – 1 srednja, nasjeckana
- Krastavac iz staklenika - 1, nasjeckan
- Nasjeckani cijeli zeleni luk - ½ šalice
- Nasjeckane masline Kalamata – ½ šalice
- Pahuljice crvene paprike - ¼ žličice.
- Izmrvljeni feta sir - ¾ šalice
- Morska sol i crni papar

Upute:

Zagrijte ¼ šalice maslinovog ulja, rižu i prstohvat soli u loncu na laganoj vatri. Promiješajte da se riža prekrije. Dodajte vodu i pustite da se kuha dok se voda ne upije. Povremeno miješajući. Izlijte rižu u veliku zdjelu i ohladite.

U drugoj zdjeli pomiješajte preostale ¼ šalice maslinovog ulja, ljuskice crvene paprike, masline, zeleni luk, krastavac, papriku, endiviju, mentu, ružmarin, češnjak i limunov sok.

Stavite rižu u smjesu i promiješajte da se sjedini. Lagano umiješajte feta sir.

Kušajte i prilagodite začine. Poslužiti.

Nutritivna vrijednost (za 100g):415 kalorija 34 g masti 28,3 g ugljikohidrata 7 g proteina 4755 mg natrija

Salata od svježeg graha i tune

Vrijeme pripreme: 5 minuta

Vrijeme za kuhanje: 20 minuta

Porcije: 6

Razina težine: lako

Sastojci:

- Oljušteni (oljušteni) svježi grah – 2 šalice
- lovorov list – 2
- Ekstra djevičansko maslinovo ulje – 3 žlice.
- Crveni vinski ocat - 1 žlica.
- Sol i crni papar
- Najkvalitetnija tuna - 1 limenka (6 unci), pakirana u maslinovom ulju
- Slani kapari - 1 žlica. namočeno i osušeno
- Fino nasjeckani plosnati peršin – 2 žlice.
- Crveni luk - 1, narezan na ploške

Upute:

U loncu zakuhajte lagano posoljenu vodu. Dodajte grah i lovor; zatim kuhajte 15 do 20 minuta, ili dok grah ne omekša, ali još uvijek bude čvrst. Ocijedite, bacite arome i prebacite u zdjelu.

Grah odmah začinite octom i uljem. Dodajte sol i crni papar. Dobro promiješajte i prilagodite začinima. Ocijedite tunu, a meso tune isecite u grah salatu. Dodajte peršin i kapare. Promiješajte i pospite ploške crvenog luka po vrhu. Poslužiti.

Nutritivna vrijednost (za 100g):85 kalorija 7,1 g masti 4,7 g ugljikohidrata 1,8 g proteina 863 mg natrija

Ukusna tjestenina s piletinom

Vrijeme pripreme: 10 minuta

Vrijeme za kuhanje: 17 minuta

Porcije: 4

Razina težine: lako

Sastojci:

- 3 pileća prsa, bez kože, bez kostiju, narezana na komade
- 9 oz tjestenine od cijelog zrna
- 1/2 šalice maslina, narezanih
- 1/2 šalice sušenih rajčica
- 1 žlica pečene crvene paprike, nasjeckane
- 14 oz limenke rajčice, narezane na kockice
- 2 šalice marinara umaka
- 1 šalica pileće juhe
- Papar
- Sol

Upute:

U instant lonac umiješajte sve sastojke osim tjestenine od cijelog zrna.

Zatvorite poklopac i kuhajte na visokoj temperaturi 12 minuta.

Kada završite, dopustite da se pritisak prirodno oslobodi. Uklonite poklopac.

Dodajte tjesteninu i dobro promiješajte. Ponovno zatvorite lonac i odaberite ručno te postavite mjerač vremena na 5 minuta.

Kada završite, otpustite pritisak na 5 minuta, a zatim otpustite preostali pomoću brzog otpuštanja. Uklonite poklopac. Dobro promiješajte i poslužite.

Nutritivna vrijednost (za 100g):615 kalorija 15,4 g masti 71 g ugljikohidrata 48 g bjelančevina 631 mg natrija

Okusi Taco zdjela riže

Vrijeme pripreme: 10 minuta

Vrijeme za kuhanje: 14 minuta

Porcije: 8

Razina težine: prosječna

Sastojci:

- 1 lb mljevene govedine
- 8 oz cheddar sira, naribanog
- 14 oz limenke crvenog graha
- 2 oz začina za taco
- 16 oz salse
- 2 šalice vode
- 2 šalice smeđe riže
- Papar
- Sol

Upute:

Postavite instant lonac na način pirjanja.

Dodajte meso u lonac i pirjajte dok ne porumeni.

Dodajte vodu, grah, rižu, začin za taco, papar i sol i dobro promiješajte.

Prelijte salsom. Zatvorite poklopac i kuhajte na visokoj temperaturi 14 minuta.

Kada završite, otpustite pritisak pomoću brzog otpuštanja. Uklonite poklopac.

Umiješajte cheddar sir i miješajte dok se sir ne otopi.

Poslužite i uživajte.

Nutritivna vrijednost (za 100g):464 kalorije 15,3 g masti 48,9 g ugljikohidrata 32,2 g bjelančevina 612 mg natrija

Okusni Mac & Cheese

Vrijeme pripreme: 10 minuta

Vrijeme za kuhanje: 10 minuta

Porcije: 6

Razina težine: lako

Sastojci:

- 16 oz cjelovite tjestenine od lakta
- 4 šalice vode
- 1 šalica konzerve rajčice, narezane na kockice
- 1 žličica češnjaka, nasjeckanog
- 2 žlice maslinovog ulja
- 1/4 šalice zelenog luka, nasjeckanog
- 1/2 šalice parmezana, naribanog
- 1/2 šalice mozzarella sira, naribanog
- 1 šalica cheddar sira, naribanog
- 1/4 šalice passate
- 1 šalica nezaslađenog bademovog mlijeka
- 1 šalica marinirane artičoke, narezane na kockice
- 1/2 šalice sušene rajčice, narezane na ploške
- 1/2 šalice maslina, narezanih
- 1 žličica soli

Upute:

U instant lonac dodajte tjesteninu, vodu, rajčice, češnjak, ulje i sol i dobro promiješajte. Pokrijte poklopcem i kuhajte na visokoj temperaturi.

Kada završite, otpustite pritisak na nekoliko minuta, a zatim otpustite preostali pomoću brzog pražnjenja. Uklonite poklopac.

Postavite lonac na način pirjanja. Dodajte zeleni luk, parmezan, mozzarella sir, cheddar sir, passatu, bademovo mlijeko, artičoke, sušene rajčice i masline. Dobro promiješajte.

Dobro promiješajte i kuhajte dok se sir ne otopi.

Poslužite i uživajte.

Nutritivna vrijednost (za 100g):519 kalorija 17,1 g masti 66,5 g ugljikohidrata 25 g bjelančevina 588 mg natrija

Krastavac Maslina Riža

Vrijeme pripreme: 10 minuta

Vrijeme za kuhanje: 10 minuta

Porcije: 8

Razina težine: prosječna

Sastojci:

- 2 šalice riže, isprane
- 1/2 šalice maslina bez koštica
- 1 šalica nasjeckanog krastavca
- 1 žlica crnog vinskog octa
- 1 žličica limunove korice, naribane
- 1 žlica svježeg soka od limuna
- 2 žlice maslinovog ulja
- 2 šalice juhe od povrća
- 1/2 žličice sušenog origana
- 1 crvena paprika, nasjeckana
- 1/2 šalice luka, nasjeckanog
- 1 žlica maslinovog ulja
- Papar
- Sol

Upute:

Dodajte ulje u unutarnji lonac instant lonca i odaberite lonac na način pirjanja. Dodajte luk i pirjajte 3 minute. Dodajte papriku i origano te pirjajte 1 minutu.

Dodajte rižu i juhu i dobro promiješajte. Zatvorite poklopac i kuhajte na visokoj temperaturi 6 minuta. Kada završite, pustite pritisak 10 minuta, a zatim otpustite preostali pomoću brzog otpuštanja. Uklonite poklopac.

Dodajte preostale sastojke i sve dobro promiješajte. Poslužite odmah i uživajte.

Nutritivna vrijednost (za 100g):229 kalorija 5,1 g masti 40,2 g ugljikohidrata 4,9 g bjelančevina 210 mg natrija

Okusi Rižoto s biljem

Vrijeme pripreme: 10 minuta

Vrijeme za kuhanje: 15 minuta

Porcije: 4

Razina težine: prosječna

Sastojci:

- 2 šalice riže
- 2 žlice parmezana, naribanog
- 3,5 oz gustog vrhnja
- 1 žlica svježeg origana, nasjeckanog
- 1 žlica svježeg bosiljka, nasjeckanog
- 1/2 žlice nasjeckane kadulje
- 1 glavica luka nasjeckana
- 2 žlice maslinovog ulja
- 1 žličica češnjaka, mljevenog
- 4 šalice temeljca od povrća
- Papar
- Sol

Upute:

Dodajte ulje u unutarnju posudu instant lonca i pritisnite lonac na način pirjanja. Dodajte češnjak i luk u unutarnju tavu instant lonca i pritisnite lonac na način pirjanja. Dodajte češnjak i luk te pirjajte 2-3 minute.

Dodajte preostale sastojke osim parmezana i vrhnja i dobro promiješajte. Zatvorite poklopac i kuhajte na visokoj temperaturi 12 minuta.

Kada završite, ispustite tlak 10 minuta, a zatim otpustite preostali pomoću brzog otpuštanja. Uklonite poklopac. Umiješajte vrhnje i sir i poslužite.

Nutritivna vrijednost (za 100g):514 kalorija 17,6 g masti 79,4 g ugljikohidrata 8,8 g bjelančevina 488 mg natrija

Ukusna tjestenina Primavera

Vrijeme pripreme: 10 minuta

Vrijeme za kuhanje: 4 minute

Porcije: 4

Razina težine: lako

Sastojci:

- 8 oz cjelovite penne tjestenine
- 1 žlica svježeg soka od limuna
- 2 žlice svježeg peršina, nasjeckanog
- 1/4 šalice nasjeckanih badema
- 1/4 šalice parmezana, naribanog
- 14 oz limenke rajčice, narezane na kockice
- 1/2 šalice suhih šljiva
- 1/2 šalice tikvica, nasjeckanih
- 1/2 šalice šparoga
- 1/2 šalice mrkve, nasjeckane
- 1/2 šalice brokule, nasjeckane
- 1 3/4 šalice temeljca od povrća
- Papar
- Sol

Upute:

Dodajte temeljac, parče, rajčice, suhe šljive, tikvice, šparoge, mrkvu i brokulu u instant lonac i dobro promiješajte. Zatvorite i kuhajte na jakoj 4 minute. Kada završite, otpustite pritisak pomoću brzog otpuštanja. Izvadite poklopac. Ostale sastojke dobro promiješajte i poslužite.

Nutritivna vrijednost (za 100g):303 kalorije 2,6 g masti 63,5 g ugljikohidrata 12,8 g bjelančevina 918 mg natrija

Tjestenina od pečene paprike

Vrijeme pripreme: 10 minuta

Vrijeme za kuhanje: 13 minuta

Porcije: 6

Razina težine: prosječna

Sastojci:

- 1 lb penne tjestenine od cjelovitog zrna pšenice
- 1 žlica talijanskog začina
- 4 šalice juhe od povrća
- 1 žlica češnjaka, mljevenog
- 1/2 luka nasjeckanog
- Teglica od 14 oz pečene crvene paprike
- 1 šalica feta sira, izmrvljenog
- 1 žlica maslinovog ulja
- Papar
- Sol

Upute:

Dodajte pečenu papriku u blender i miksajte dok ne postane glatka. Dodajte ulje u unutarnji lonac instant lonca i postavite vrč na način pirjanja. Dodajte češnjak i luk u unutarnju šalicu instant lonca i stavite lonac na pirjanje. Dodajte češnjak i luk te pirjajte 2-3 minute.

Dodajte izmiješanu pečenu papriku i pirjajte 2 minute.

Dodajte preostale sastojke osim feta sira i dobro promiješajte. Dobro zatvorite i kuhajte na najjačoj temperaturi 8 minuta. Kada završite, prirodno otpustite pritisak na 5 minuta, a zatim otpustite preostali pomoću brzog otpuštanja. Uklonite poklopac. Prelijte feta sirom i poslužite.

Nutritivna vrijednost (za 100g):459 kalorija 10,6 g masti 68,1 g ugljikohidrata 21,3 g bjelančevina 724 mg natrija

Sir bosiljak rajčica riža

Vrijeme pripreme: 10 minuta

Vrijeme za kuhanje: 26 minuta

Porcije: 8

Razina težine: prosječna

Sastojci:

- 1 1/2 šalice smeđe riže
- 1 šalica parmezana, naribanog
- 1/4 šalice svježeg bosiljka, nasjeckanog
- 2 šalice grožđanih rajčica, prepolovljenih
- 8 oz limenke umaka od rajčice
- 1 3/4 šalice juhe od povrća
- 1 žlica češnjaka, mljevenog
- 1/2 šalice luka, narezanog na kockice
- 1 žlica maslinovog ulja
- Papar
- Sol

Upute:

Dodajte ulje u unutarnju posudu instant lonca i odaberite lonac na pirjanju. Stavite češnjak i luk u unutarnju posudu instant lonca i stavite na pirjanje. Umiješajte češnjak i luk i pirjajte 4 minute. Dodajte rižu, umak od rajčice, juhu, papar i sol i dobro promiješajte.

Zatvorite i kuhajte na najjačoj temperaturi 22 minute.

Nakon što je gotovo, pustite ga 10 minuta, a zatim otpustite preostali pomoću brzog otpuštanja. Uklonite čep. Umiješajte preostale sastojke i promiješajte. Poslužite i uživajte.

Nutritivna vrijednost (za 100g):208 kalorija 5,6 g masti 32,1 g ugljikohidrata 8,3 g bjelančevina 863 mg natrija

Mac & Cheese

Vrijeme pripreme: 10 minuta

Vrijeme za kuhanje: 4 minute

Porcije: 8

Razina težine: lako

Sastojci:

- 1 lb tjestenine od cjelovitog zrna
- 1/2 šalice parmezana, naribanog
- 4 šalice sira cheddar, nasjeckanog
- 1 šalica mlijeka
- 1/4 žličice češnjaka u prahu
- 1/2 žličice mljevene gorušice
- 2 žlice maslinovog ulja
- 4 šalice vode
- Papar
- Sol

Upute:

U instant lonac dodajte tjesteninu, češnjak u prahu, senf, ulje, vodu, papar i sol. Dobro zatvorite i kuhajte na najjačoj temperaturi 4 minute. Kada završite, otpustite pritisak pomoću brzog otpuštanja. Otvoreni poklopac. Stavite preostale sastojke i dobro promiješajte te poslužite.

Nutritivna vrijednost (za 100g):509 kalorija 25,7 g masti 43,8 g ugljikohidrata 27,3 g bjelančevina 766 mg natrija

Tjestenina od tune

Vrijeme pripreme: 10 minuta

Vrijeme za kuhanje: 8 minuta

Porcije: 6

Razina težine: prosječna

Sastojci:

- 10 oz konzerve tune, ocijeđene
- 15 oz cjelovite pšenične rotini tjestenine
- 4 oz mozzarella sira, na kockice
- 1/2 šalice parmezana, naribanog
- 1 žličica sušenog bosiljka
- 14 oz limenke rajčice
- 4 šalice juhe od povrća
- 1 žlica češnjaka, mljevenog
- 8 oz gljiva, narezanih
- 2 tikvice, narezane na ploške
- 1 glavica luka nasjeckana
- 2 žlice maslinovog ulja
- Papar
- Sol

Upute:

Ulijte ulje u unutarnji lonac instant lonca i pritisnite lonac da se pirja. Dodajte gljive, tikvice i luk te pirjajte dok luk ne omekša. Dodajte češnjak i pirjajte minutu.

Dodajte tjesteninu, bosiljak, tunu, rajčice i juhu i dobro promiješajte. Zatvorite i kuhajte na jakoj 4 minute. Kada završite, otpustite pritisak na 5 minuta, a zatim otpustite preostali pomoću brzog otpuštanja. Uklonite poklopac. Dodajte preostale sastojke i dobro promiješajte te poslužite.

Nutritivna vrijednost (za 100g):346 kalorija 11,9 g masti 31,3 g ugljikohidrata 6,3 g bjelančevina 830 mg natrija

Panini mješavina avokada i puretine

Vrijeme pripreme: 5 minuta

Vrijeme za kuhanje: 8 minuta

Porcije: 2

Razina težine: lako

Sastojci:

- 2 crvene paprike, pečene i narezane na trakice
- ¼ lb. tanko narezana mesquite dimljena pureća prsa
- 1 šalica cijelih listova svježeg špinata, podijeljenih
- 2 kriške provolone sira
- 1 žlica maslinovog ulja, podijeljena
- 2 kiflice ciabatte
- ¼ šalice majoneze
- ½ zrelog avokada

Upute:

U zdjeli dobro izgnječite majonezu i avokado. Zatim zagrijte Panini press.

Pecive nasjeckajte na pola i namažite unutarnju stranu kruha maslinovim uljem. Zatim ga napunite nadjevom, redajući ih usput: provolone, pureća prsa, pečenu crvenu papriku, listove špinata i premažite smjesom od avokada te prekrijte drugom kriškom kruha.

Stavite sendvič u prešu za Panini i pecite ga na roštilju 5 do 8 minuta dok se sir ne otopi, a kruh ne postane hrskav i izbočen.

Nutritivna vrijednost (za 100g):546 kalorija 34,8 g masti 31,9 g ugljikohidrata 27,8 g bjelančevina 582 mg natrija

Omot od krastavaca, piletine i manga

Vrijeme pripreme: 5 minuta

Vrijeme za kuhanje: 20 minuta

Porcije: 1

Razina težine: Teško

Sastojci:

- ½ srednjeg krastavca prerezanog po dužini
- ½ zrelog manga
- 1 žlica preljeva za salatu po izboru
- 1 tortilja od cjelovitog zrna pšenice
- 1 inč debela kriška pilećih prsa duljine oko 6 inča
- 2 žlice ulja za prženje
- 2 žlice integralnog pšeničnog brašna
- 2 do 4 lista zelene salate
- Posolite i popaprite po ukusu

Upute:

Narežite pileća prsa na trakice od 1 inča i skuhajte ukupno trakice od 6 inča. To bi bilo kao dvije trake piletine. Preostalu piletinu spremite za buduću upotrebu.

Piletinu začinite paprom i solju. Umutite u integralno pšenično brašno.

Na srednju vatru stavite malu tavu koja se ne lijepi i zagrijte ulje. Kad se ulje zagrije, dodajte pileće trakice i pržite dok ne porumene oko 5 minuta sa svake strane.

Dok se piletina peče, stavite tortilje u pećnicu i pecite 3 do 5 minuta. Zatim ostaviti sa strane i prebaciti u tanjur.

Narežite krastavac po dužini, iskoristite samo ½, a preostali krastavac spremite. Ogulite krastavac narežite na četvrtine i izvadite košticu. Stavite dvije kriške krastavca na omot tortilje, 1 inč od ruba.

Narežite mango, a drugu polovicu spremite sa sjemenkama. Mango ogulite bez sjemenki, narežite na trakice i stavite na krastavac na tortilju.

Nakon što je piletina pečena, stavite piletinu pored krastavca u red.

Dodajte list krastavca, prelijte preljevom za salatu po izboru.

Zarolajte tortilja wrap, poslužite i uživajte.

Nutritivna vrijednost (za 100g):434 kalorije 10 g masti 65 g ugljikohidrata 21 g proteina 691 mg natrija

Fattoush – Bliskoistočni kruh

Vrijeme pripreme: 10 minuta

Vrijeme za kuhanje: 15 minuta

Porcije: 6

Razina težine: Teško

Sastojci:

- 2 štruce pita kruha
- 1 žlica ekstra djevičanskog maslinovog ulja
- 1/2 žličice sumaka, više za kasnije
- Sol i papar
- 1 srce rimske salate
- 1 engleski krastavac
- 5 romskih rajčica
- 5 glavica zelenog luka
- 5 rotkvica
- 2 šalice nasjeckanog svježeg peršinovog lišća
- 1 šalica nasjeckanih listova svježe metvice
- <u>Sastojci za preljev:</u>
- 1 1/2 limete, sok od
- 1/3 šalice ekstra djevičanskog maslinovog ulja
- Sol i papar
- 1 žličica mljevenog sumaka
- 1/4 žličice mljevenog cimeta
- malo 1/4 žličice mljevene pimente

Upute:

Tostirajte pita kruh 5 minuta u tosteru. Zatim razlomite pita kruh na komade.

U velikoj tavi na srednjoj vatri zagrijte 3 žlice maslinovog ulja 3 minute. Dodajte pita kruh i pržite dok ne porumeni, oko 4 minute miješajući.

Dodajte sol, papar i 1/2 žličice sumaka. Pita čips maknite s vatre i stavite u papirnate ručnike da se ocijede.

Dobro pomiješajte nasjeckanu zelenu salatu, krastavce, rajčice, mladi luk, narezanu rotkvicu, listiće metvice i peršin u veliku zdjelu za salatu.

Da biste napravili vinaigrette od limete, pomiješajte sve sastojke u maloj posudi.

Umiješajte preljev na salatu i dobro promiješajte. Umiješajte pita kruh.

Poslužite i uživajte.

Nutritivna vrijednost (za 100g):192 kalorije 13,8 g masti 16,1 g ugljikohidrata 3,9 g bjelančevina 655 mg natrija

Focaccia bez glutena od češnjaka i rajčice

Vrijeme pripreme: 5 minuta

Vrijeme za kuhanje: 20 minuta

Porcije: 8

Razina težine: Teško

Sastojci:

- 1 jaje
- ½ žličice soka od limuna
- 1 žlica meda
- 4 žlice maslinovog ulja
- Prstohvat šećera
- 1 ¼ šalice tople vode
- 1 žlica aktivnog suhog kvasca
- 2 žličice nasjeckanog ružmarina
- 2 žličice majčine dušice, nasjeckane
- 2 žličice nasjeckanog bosiljka
- 2 češnja češnjaka, mljevena
- 1 ¼ žličice morske soli
- 2 žličice ksantanske gume
- ½ šalice prosenog brašna
- 1 šalica krumpirovog škroba, ne brašna
- 1 šalica sirkovog brašna
- Bezglutensko kukuruzno brašno za posipanje

Upute:

Uključite pećnicu na 5 minuta, a zatim je ugasite, a vrata pećnice držite zatvorena.

Pomiješajte toplu vodu i prstohvat šećera. Dodajte kvasac i lagano promiješajte. Ostavite 7 minuta.

U velikoj zdjeli za miješanje dobro izmiješajte začinsko bilje, češnjak, sol, ksantan gumu, škrob i brašno. Nakon što je kvasac dizao, ulijte ga u zdjelu s brašnom. Umutiti jaje, limunov sok, med i maslinovo ulje.

Dobro izmiješajte i stavite u dobro namašćenu četvrtastu tepsiju posutu kukuruznom krupom. Na vrh stavite svježi češnjak, još začinskog bilja i narezane rajčice. Stavite u zagrijanu pećnicu i ostavite da se diže pola sata.

Uključite pećnicu na 375oF i nakon prethodnog zagrijavanja pecite 20 minuta. Focaccia je gotova kada vrhovi lagano porumene. Odmah izvadite iz pećnice i kalupa i ostavite da se ohladi. Najbolje poslužiti kada je toplo.

Nutritivna vrijednost (za 100g):251 kalorija 9 g masti 38,4 g ugljikohidrata 5,4 g proteina 366 mg natrija

Pljeskavice na žaru s gljivama

Vrijeme pripreme: 15 minuta

Vrijeme za kuhanje: 10 minuta

Porcije: 4

Razina težine: prosječna

Sastojci:

- 2 zelene salate Bibb, prepolovljene
- 4 kriške crvenog luka
- 4 kriške rajčice
- 4 peciva od punog zrna pšenice, tostirana
- 2 žlice maslinovog ulja
- ¼ žličice kajenskog papra, po želji
- 1 češanj češnjaka, samljeven
- 1 žlica šećera
- ½ šalice vode
- 1/3 šalice balzamičnog octa
- 4 velika klobuka gljive Portobello, promjera oko 5 inča

Upute:

Gljivama uklonite peteljke i očistite ih vlažnom krpom. Prebacite u posudu za pečenje sa škrgama prema gore.

U zdjeli dobro izmiješajte maslinovo ulje, kajenski papar, češnjak, šećer, vodu i ocat. Prelijte preko gljiva i marinirajte gljive u ref najmanje sat vremena.

Nakon što istekne jedan sat, zagrijte roštilj na srednje jaku vatru i namastite rešetku roštilja.

Gljive pecite na roštilju pet minuta sa svake strane ili dok ne omekšaju. Gljive premažite marinadom da se ne osuše.

Za sastavljanje stavite ½ peciva na tanjur, na vrh stavite krišku luka, gljive, rajčicu i jedan list zelene salate. Pokrijte drugom gornjom polovicom kiflice. Ponovite postupak s preostalim sastojcima, poslužite i uživajte.

Nutritivna vrijednost (za 100g):244 kalorije 9,3 g masti 32 g ugljikohidrata 8,1 g proteina 693 mg natrija

Mediteranska Baba Ghanoush

Vrijeme pripreme: 10 minuta

Vrijeme za kuhanje: 25 minuta

Porcije: 4

Razina težine: prosječna

Sastojci:

- 1 lukovica češnjaka
- 1 crvena paprika, prepolovljena i očišćena od sjemenki
- 1 žlica nasjeckanog svježeg bosiljka
- 1 žlica maslinovog ulja
- 1 žličica crnog papra
- 2 patlidžana, narezana po dužini
- 2 kruga somuna ili pite
- Sok od 1 limuna

Upute:

Premažite rešetku roštilja sprejom za kuhanje i prethodno zagrijte roštilj na srednje visoku razinu.

Narežite vrhove češnjaka i zamotajte u foliju. Stavite na hladniji dio roštilja i pecite najmanje 20 minuta. Ploške paprike i patlidžana stavite na najtopliji dio roštilja. Roštilj za obje strane.

Nakon što su lukovice gotove, oljuštite pečeni češnjak i stavite oguljeni češnjak u procesor hrane. Dodajte maslinovo ulje, papar, bosiljak, limunov sok, pečenu crvenu papriku i pečeni patlidžan. Pasirajte i ulijte u zdjelu.

Pecite kruh najmanje 30 sekundi po strani da se zagrije. Uz pasirani umak poslužite kruh i uživajte.

Nutritivna vrijednost (za 100g):231,6 kalorija 4,8 g masti 36,3 g ugljikohidrata 6,3 g bjelančevina 593 mg natrija

Kiflice za večeru bez žitarica i glutena

Vrijeme pripreme: 10 minuta

Vrijeme za kuhanje: 20 minuta

Porcije: 8

Razina težine: prosječna

Sastojci:

- ½ žličice jabučnog octa
- 3 žlice maslinovog ulja
- 2 jaja
- 1 žličica praška za pecivo
- 1 žličica soli
- 2 žličice ksantanske gume
- ½ šalice škroba tapioke
- ¼ šalice smeđeg teff brašna
- ¼ šalice lanenog brašna
- ¼ šalice brašna od amaranta
- ¼ šalice sirkovog brašna
- ¾ šalice smeđeg rižinog brašna

Upute:

Dobro pomiješajte vodu i med u maloj posudi i dodajte kvasac. Ostavite točno 10 minuta.

Mikserom pomiješajte sljedeće: prašak za pecivo, sol, ksantansku gumu, laneno brašno, sirkovo brašno, teff brašno, škrob tapioke, brašno od amaranta i brašno od smeđe riže.

U srednjoj posudi dobro izmiješajte ocat, maslinovo ulje i jaja.

U zdjelu sa suhim sastojcima ulijte smjesu octa i kvasca i dobro promiješajte.

Kalup za 12 muffina namastite sprejom za kuhanje. Tijesto ravnomjerno rasporedite u 12 kalupa za muffine i ostavite sat vremena da se diže.

Zatim zagrijte pećnicu na 375oF i pecite kiflice za večeru dok vrhovi ne porumene, oko 20 minuta.

Kiflice odmah izvadite iz pećnice i kalupa za muffine i ostavite da se ohlade.

Najbolje poslužiti kada je toplo.

Nutritivna vrijednost (za 100g):207 kalorija 8,3 g masti 27,8 g ugljikohidrata 4,6 g bjelančevina 844 mg natrija